Lieselott
will nicht baden

Alexander Steffensmeier

CARLSEN

Lieselotte und ihre Freunde spielten heute auf dem Acker hinter dem Haus. Tapfer verteidigte »Ritterin Lieselotte« ihre Burg gegen die wilden Hühnerhorden. Aber was war das?

Plötzlich wurden sie auch vom Garten aus angegriffen! »Genug gespielt für heute«, rief die Bäuerin. »Es wird Zeit, dass ihr euch wascht und fürs Zubettgehen fertig macht!«

Auf dem Hof half die Bäuerin dann allen Tieren beim Waschen.

»Das ging doch prima«, freute sich die Bäuerin. »Seid ihr auch alle richtig sauber geworden?«

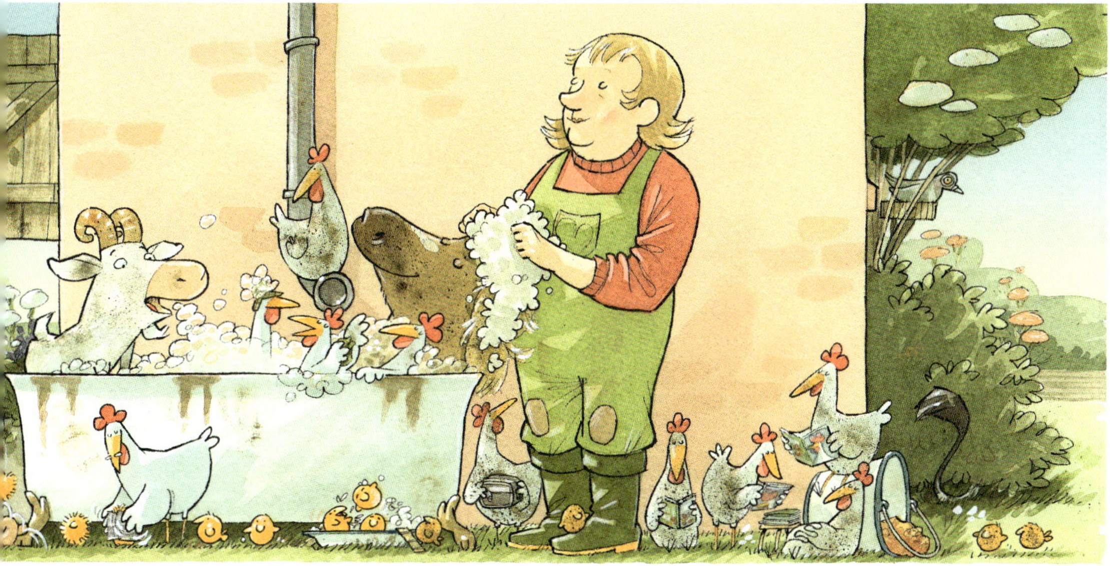

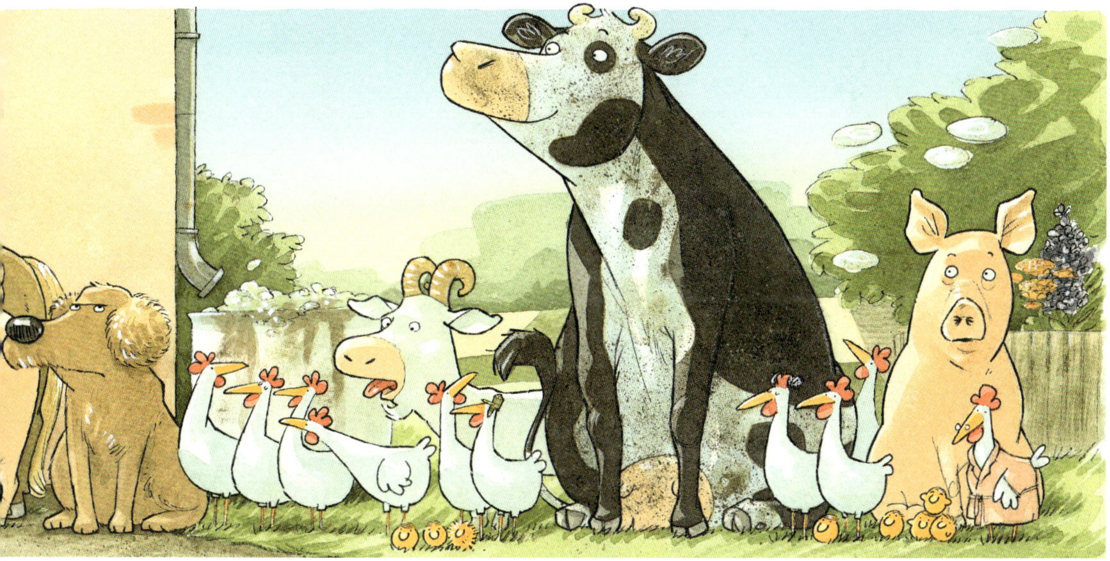

»Nein, Lieselotte, so schmutzig kannst du auf keinen Fall schlafen gehen«, rief die Bäuerin und schob Lieselotte Richtung Badewanne.

»Und das bisschen Katzenwäsche wird heute auch nicht ausreichen.«

»Nun hab dich nicht so, Lieselotte! Ab in die Wanne mit dir! Ich hole auch schnell noch frisches Wasser für dich«, sagte die Bäuerin. Aber Lieselotte hatte heute einfach keine Lust zum Waschen.

»Wo steckst du, Lieselotte? Komm sofort zurück!«

»Lieselotte ist doch sonst nicht so wasserscheu!«, schimpfte die Bäuerin. »Wenn sie erst einmal ein bisschen nass ist, macht ihr das Waschen meistens sogar Spaß …«

Da hatte die Bäuerin plötzlich eine Idee.

Sie könnte Lieselotte eine kleine Falle stellen und dafür sorgen, dass sie ein bisschen nass wurde. Also schöpfte die Bäuerin einen Eimer Wasser aus der Badewanne und machte sich ans Werk.

»Soll ich das wirklich tun?«, dachte sie dann aber. »Vielleicht ist das doch zu gemein. Bestimmt kann ich Lieselotte auch anders überzeugen.«

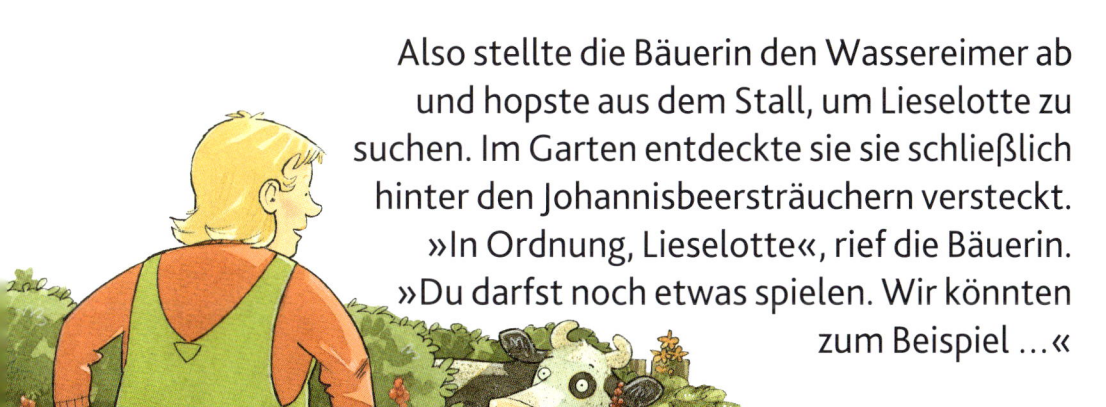

Also stellte die Bäuerin den Wassereimer ab und hopste aus dem Stall, um Lieselotte zu suchen. Im Garten entdeckte sie sie schließlich hinter den Johannisbeersträuchern versteckt. »In Ordnung, Lieselotte«, rief die Bäuerin. »Du darfst noch etwas spielen. Wir könnten zum Beispiel …«

... um den Rasensprenger laufen!«

»Gute Güte, das macht mehr Spaß, als ich dachte!«, lachte die Bäuerin.

Dann rutschte sie aus.

»Oder«, rief die Bäuerin, »lass uns doch etwas …«

»... mit dem Gartenschlauch spielen!«

»Also wirklich, Lieselotte!«, schimpfte die Bäuerin. »Wie kannst du nur so schmutzig herumlaufen? Das gehört sich einfach nicht!«

»Und ein paar Tropfen Wasser werden dir schon nicht schaden, Lieselotte ...«

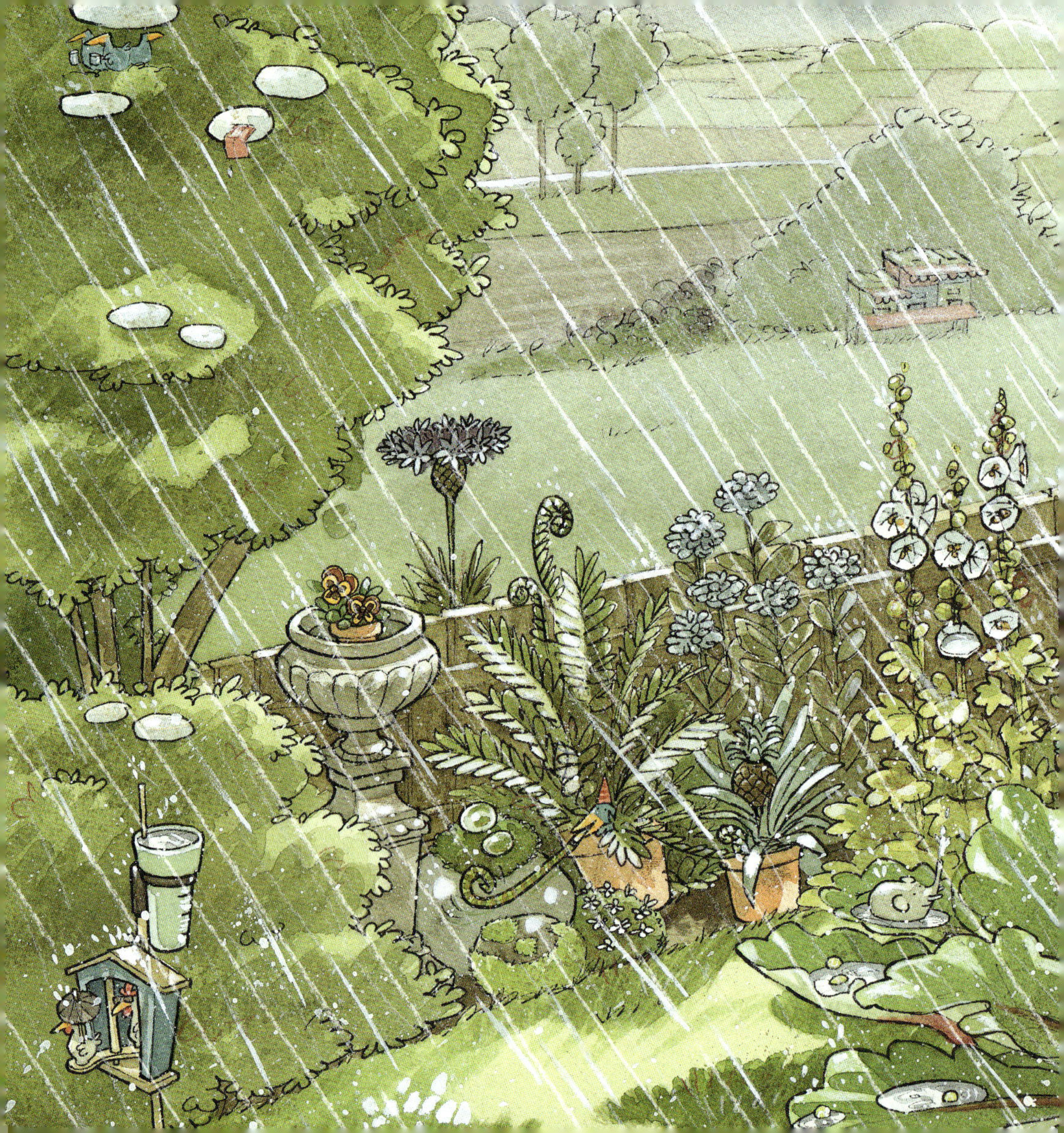

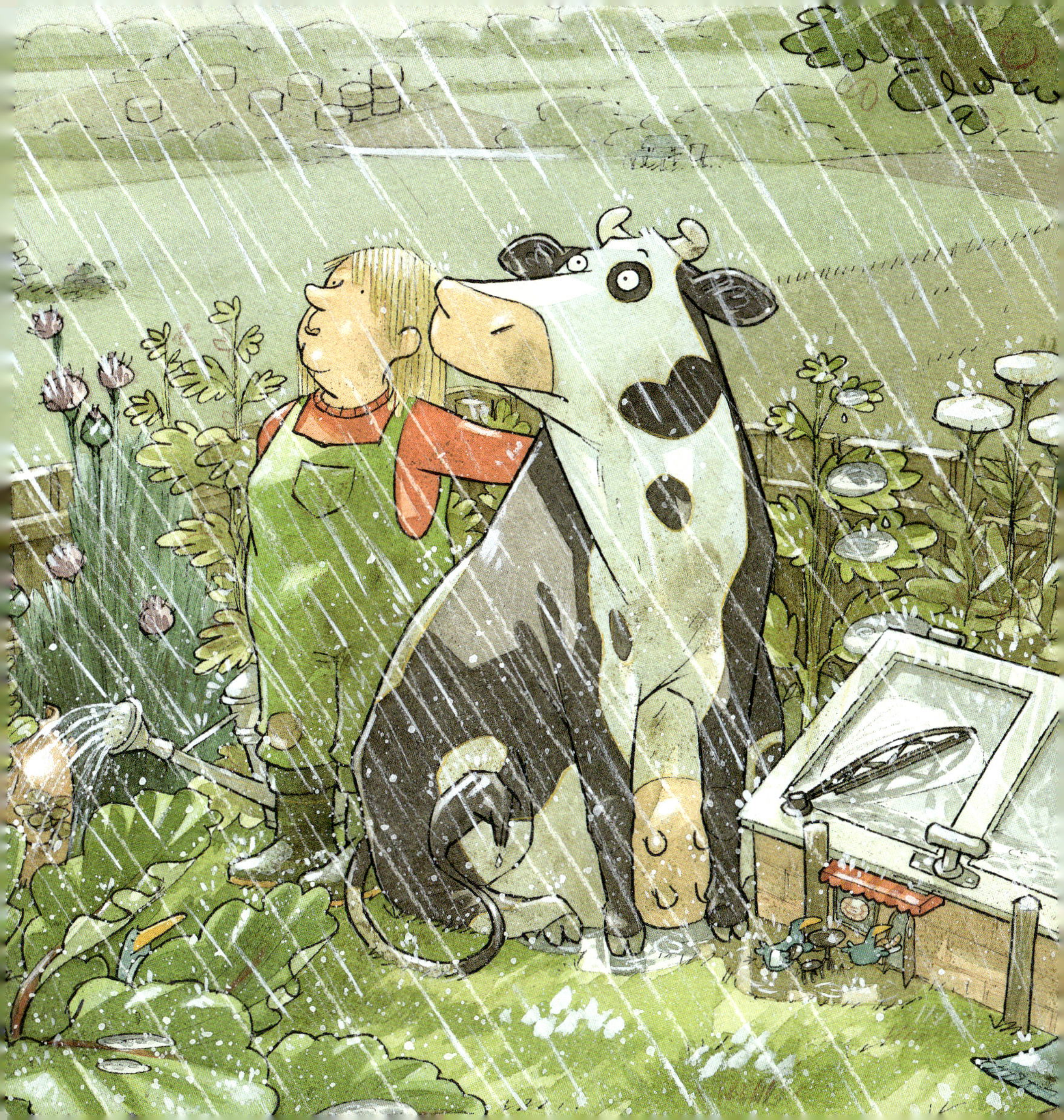

Und wo sie jetzt beide pitschnass waren, war das Waschen kein Problem mehr.

Erst half die Bäuerin Lieselotte beim Baden.

Und dann half Lieselotte der Bäuerin.

»Höchste Zeit, schön sauber schlafen zu gehen«, sagte die Bäuerin und brachte Lieselotte in ihren Stall.

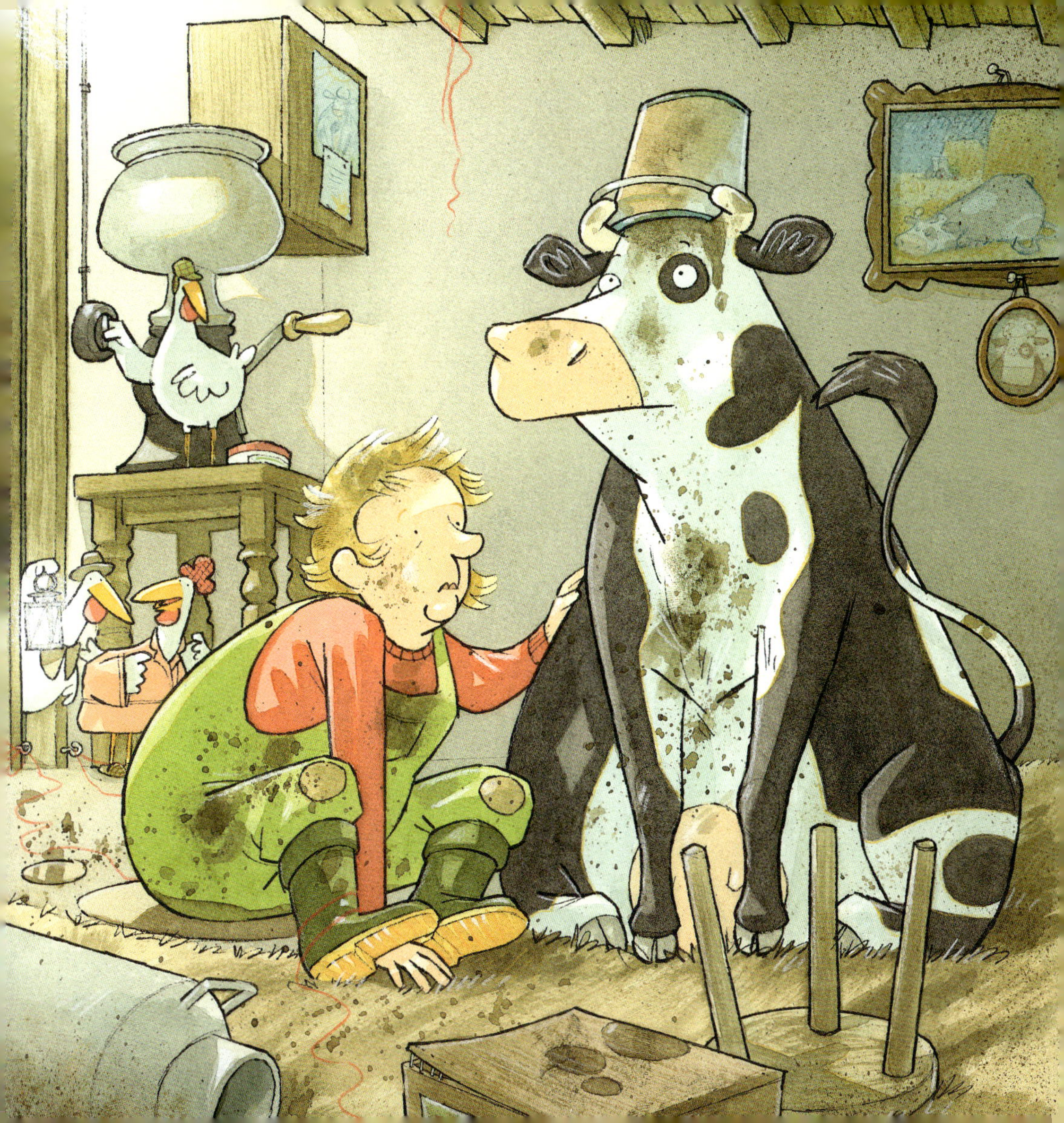

»Andererseits«, meinte die Bäuerin, »hat so ein kleines bisschen Schmutz auch noch niemandem geschadet. Was denkst du, Lieselotte?«